AF358924

RUINES

DE

L'ANCIEN CHATEAU DE LUDRE

ET

DES CAMPS ROMAINS DE LA CITÉ D'AFFRIQUE

ET DE JAILLON.

RUINES

DE

L'ANCIEN CHATEAU DE LUDRE

ET

Du Camp Romain, *dit* la Cité d'Affrique, *qui l'avoisine sur la côte de Ludre et d'Affrique, derrière Messein, près de la Moselle, ainsi que celles du Camp Romain de* Jaillon, *qui l'a précédé ;*

TOUTES DANS LE DÉPARTEMENT DE LA MEURTHE ;

Par Charles-Léopold Mathieu,

Ancien Substitut au ci-devant Parlement de Nancy ; Avocat à la Cour Royale de cette Ville ; ex Professeur de Physique et de Chimie ; Membre de plusieurs Sociétés savantes nationales et étrangères.

.... Ut populi romani imperia,
Perferrent, gravissimè dolebant.

Comm. de César, liv. v.

NANCY,

DE L'IMPRIMERIE DE C.-J. HISSETTE, IMPRIMEUR DE L'ACADÉMIE.

1829.

AVIS.

Cette Notice historique, dont l'analyse a été admise pour être lue à la séance publique de cette année de la Société Royale académique de Nancy, aurait été publiée beaucoup plus tôt, si le désir d'y joindre l'histoire reconnue depuis inséparable du camp romain de Jaillon, qui d'abord n'avait pas été pensée en être une partie intégrante, n'en avait retardé l'impression pendant le temps des recherches nécessaires à ce complément.

La réunion des faits et des éclaircissements qui peuvent nous représenter tout ce qui doit intéresser sur les trois monuments antiques dont il y est parlé, en devient une suite, et l'on pourrait même dire un commencement nécessaire à l'histoire de ce pays, qui semble désiré depuis son origine, sans que jamais aucun historien paraisse avoir tenté de l'approfondir.

L'on est tout étonné à leur aspect, de l'oubli général jusqu'ici, de la première mention de ces anciens monuments relatifs à ce sol ; mais l'on conçoit aisément que c'est l'habitude des anciens Gaulois, de ne rien écrire de toutes leurs connaissances, qui nous a privés jusqu'ici de tous les renseignements sur les temps primitifs de leur établissement dans ce climat tempéré, depuis leur sortie des glaces du Nord, leur berceau, selon César dans ses commentaires, liv. vi.

Puisse cette espèce de chapitre premier actuel de nos anciens fastes, nous devenir un jour le prélude de la régénéressence de ce qui en paraît perdu pour jamais.

En attendant, nous pourrions en promettre encore une espèce de tableau, déjà même ébauché en partie, des restes conservés jusqu'ici, du plus ancien langage de ces contrées, expliqués par leur métonomasie primitive, qui donné bientôt comme suite de l'histoire locale, nous montrerait après celle des faits connus, celle des idées de ces anciens temps, et nous peindrait au naturel le génie des premiers habitants de notre terre natale.

Avant ce Tableau philologique, nous donnerons cependant encore l'Histoire des ruines de Scarpone, plus anciennement Serpane, et maintenant Charpeigne, avec les gravures de ses monuments d'après les dessins de M. Delabroise.

RUINES

DE

L'ANCIEN CHATEAU DE LUDRE

ET

DES CAMPS ROMAINS DE LA CITÉ D'AFFRIQUE ET DE JAILLON.

———————◆———————

L'HISTOIRE est le plaisir du penseur, il en pare ses idées, il en étend son imagination, il en nourrit son esprit, il en forme son jugement ; mais c'est surtout de celle de son pays dont il fait ses délices : sa recherche est son occupation chérie, et la réunion des souvenirs qu'elle lui présente fait surtout son bonheur.

Tout sur ce sol heureux l'intéresse et l'inspire ; son sort présent, les diverses phases de celui qu'il a éprouvé dans le passé, et la prévention de celui qui l'attend dans l'avenir, font l'objet le plus constant de ses méditations dans la liberté de ses loisirs.

A chaque pas de nouveaux tableaux animent ses désirs d'en connaître les liaisons et les rapports à tout ce qui l'entoure, et d'en réunir dans son esprit l'ensemble, que la succession des siècles se plaît à détruire, en en effaçant insensiblement jusqu'aux moindres traces, pour les couvrir de nouvelles perspectives qui les font oublier.

Quand à travers ces anéantissements et ces régénérations alternatives, il surgit encore quelques ruines qui présentent à l'âge moderne le rappel des âges passés, elles attachent à elles comme une espèce de phénomène inattendu ; elles entraînent à en rétablir la mémoire, qui bientôt s'en éclipserait pour toujours, fesant croire à chaque siècle à la nouveauté d'un monde, dont la vieillesse disparaît à la longue, sous les traits d'une jeunesse renaissante et les apparences toujours nouvelles de ses métamorphoses trompeuses.

C'est au milieu de ces mélanges magiques et épars, heureusement conservés encore çà et là sur la terre, pour fournir à l'histoire ses plus curieuses réminiscences, que sur notre sol, où ils sont déjà rares pour nos fastes antiques, nous retrouvons étonnés de leur éloquent et majestueux silence, trois de ces restes trop inappréciés jusqu'ici, qui nous montrent une importante lacune dans l'histoire de nos malheurs passés.

Ce sont trois ruines successives des temps antérieurs à notre ère; l'une, de l'ancien château (1) de Ludre (2), séjour du pouvoir local et militaire de ces temps; l'autre est celle d'un ancien camp romain dit la Cité d'Affrique, c'est-à-dire, comme on va le voir, la cité de ceux revenus d'Afrique, qui avoisine cet ancien château et l'a anéanti. La troisième est celle des restes du camp romain de Jaillon, qu'occupaient d'abord les légions qui sont venues établir celui de Ludre, et qui avait dû, depuis le commencement de la campagne précédente, former par sa même destination avant lui, la cité de Jaillon, c'est-à-dire, la cité qui comprime et refréne ceux qui se rassemblent. (Voyez la note du mot Jaillon, n.º 46).

Ce nom de cité (3), dit l'abbé Dubos, se donnait ainsi par les Romains à leurs camps à demeure d'hiver et baraqués, où ils gardaient leurs provisions, leurs équipages, leurs chariots, les otages qu'ils se fesaient donner par les vaincus, les tributs qu'ils levaient sur eux. Il se donnait aussi à tout le canton qui y répondait; comme aux territoires dépendant des villes, pour la centralisation de l'administration qu'ils contenaient, exprimée ainsi par l'idée que présentait cette qualification.

Le nom d'Affrique (4) avec deux *ff*, selon l'orthographe gauloise dont l'étymologie est plus exacte que celle à un seul, fut encore donné à ce camp par les légions qui le construisirent (disent l'ancienne tradition et les anciens titres de la commune de Ludre), parce qu'elles revenaient d'Affrique, et pour la ressemblance de cette position avec celle qu'elles avaient occupée dans ce pays.

Ces deux monuments de la côte de Ludre, l'ancien château et ce camp cité d'Affrique, se sont trouvés délaissés et presque oubliés depuis le changement de la route de Toul (5), alors la capitale des Leucois (6), vers la Germanie (7).

Cette route conduisait déjà de Lutèce (8), aujourd'hui Paris (9), à Strasbourg, (10) par Ludre, Léomont (11) et le hameau alors de Luniéfylle (12), aujourd'hui la ville de Lunéville.

C'est seulement au xiie siècle, 1253 ans après la construction du camp romain, cité d'Affrique, et peut-être 2000 ans après celle du château de Ludre, qu'une route nouvelle, prolongée à travers les bois de haies qui n'étaient point encore ouverts alors, s'est introduite par Nancy, depuis la construction de cette ville, sur l'emplacement de l'ancien château de Nancay (13). Elle a détourné, par son usage et un abandon de l'ancienne route, les mutations inévitables qu'une fréquentation continuée aurait amenées sur ces deux monuments de cette côte, maintenant plus curieux que jamais pour l'intérêt qui s'accroît par la distance des temps.

C'est ainsi que, fortuitement, les pays restent quelquefois les mêmes au-delà des siècles et se conservent pour l'instruction de l'avenir, malgré la tourmente des hommes qui finit par délivrer d'eux le sol, pour n'en plus montrer que leur néant et l'inutilité de leurs excès.

De cet ancien château de Ludre, alors sans s, avec laquelle il s'écrit communément maintenant, c'est-à-dire, sur la côte encore toute couverte d'arbres sans culture, il ne reste plus que le tas humble de ses débris, en forme de cône tronqué, d'environ cent pieds de diamètre et d'une trentaine de pieds de haut. L'apparence de l'entrée s'y montre encore au nord-ouest, avec une espèce de prolongation au centre en creux, de forme sémi-circulaire presque comblée ; malgré les

avaries que dans ces derniers temps a pu y accumuler l'intro-
duction, quoique momentanée, d'un four à chaux pour la
construction du nouveau château alors dans le village.

La remarque des deux orthographes du nom de Ludre
sans *s* ou avec un *s*, partage ainsi en deux temps les époques
de ce fort féodal (14) :

Le premier est donc celui des Gaulois (15), dont les rois,
pour plus de sûreté, n'habitaient jamais les villes, trop
généralement ouvertes alors et trop mêlées de différents par-
tis (selon l'abbé Dubos) (16) dans toutes les Gaules (17), et
qui donnaient l'exemple de résider dans ces châteaux au milieu des bois.

Le second est naturellement celui des défrichements postérieurs de ce coteau (18), maintenant en vignes sur sa
pente. Ces défrichements sont exprimés par l'addition de l'*s*,
syncope du mot primitif *se*, qui signifie : *Et récoltes*. Leur
retard a dû effectivement se trouver ainsi dans cette Gaule
renommée par ses forêts, préférées par ses hommes instruits,
quand elles servaient d'écoles et de temples pour ses Druides
(19): tel que nous le montre encore la montagne d'Autun,
l'ancienne Bibracte (20), et comme le dit Lucain :

  « . . . . *Nemora alta remotis*
  » *incolitis lucis*. . . . . »
      (Phars., liv. 1.)

Là, sur son sommet le plus élevé, dans la forêt qui le
couvre, l'on voit l'autel carré où les Druides fesaient leurs
sacrifices sanguinaires, et dans le vallon au-dessous, c'était
dans le bois qu'ils habitaient, qu'ils tenaient leurs écoles de l'im-
mortalité de l'âme dans toute sa pureté, selon Diogène-Laerce,
longtemps avant la naissance de Pythagore. L'imagination se
perd dans ce mélange d'erreurs et de sublimité, qu'enfante et
qu'adopte à la fois l'inconséquence de l'esprit humain.

Ce bois porte toujours, depuis, le nom de bois des Druides;
et l'on voit aussi auprès, leurs grottes, leurs cavernes, dans le
Mont-Dru; c'est-à-dire la montagne des Druides, véritable

séjour de paix et d'indépendance, où ils étaient les plus heureux des hommes, ainsi que leurs élèves.

Le nom même de la Gaule, qui nous indique ces forêts primitives (21) qui l'isolaient d'abord de ses ennemis, nous fait pressentir en même temps le bonheur dont y jouissaient les premiers Gaulois, bonheur qu'enviaient tant les Allemands leurs voisins et tous les peuples du Nord, qui y sont venus pour tant de fois y faire des invasions quand ils l'ont connue, s'y établir, la préférant à leur pays moins propice. Les Romains l'ont malheureusement trop troublée par leurs ambitieuses conquêtes ; aussi ce qui avait échappé à leurs désastres des habitations solitaires qu'elle contenait, était encore plus tard, pour ceux qui en savaient jouir, comme il l'avait été pour les anciens, une imitation de l'Élysée sur la terre. Tel fut long-temps pour Marmontel, la fréquentation de l'ancien château de Bord, qui est encore au pied du Mont-d'Or, à l'entrée des forêts du Limosin ; tel fut sans doute aussi jadis l'habitation isolée qui a produit les ruines de cet ancien château de Ludre, évidemment antique, qui se montrent sur la pointe de la côte où s'appuie ce village. Elles y sont situées à l'extrémité méridionale de la petite plaine élevée, en partie boisée, dite depuis l'extinction de la domination romaine, plaine de Charlemagne (22), et longeant le bois dit Impérial, à son occident, au nord des ruines du camp d'Affrique.

Ces deux dénominations subséquentes à l'invasion des Romains, présentent naturellement un troisième temps de l'histoire de cette côte alors déjà dans la France.

Elles furent données sans doute à ce sommet, quand ce Monarque empereur et roi, voulant étendre ses conquêtes en Allemagne (23), et détruire en Westphalie (24) le temple de cet Ermensul (25), l'hermes (26) des Gaulois, dernier reste de l'idolâtrie de la Gaule, à Eresbourg (27), aujourd'hui Stadsberg (28), est venu camper en passant sur cette cîme, naturellement défendue par sa situation, et qui se trouvait sur sa route alors de Paris au Rhin (29).

Là , ces ruines attestent à nos yeux les efforts de nos pères pour secouer le joug de ces Romains (30) leurs vainqueurs, qu'ils avaient combattus tant d'années auparavant, après avoir exterminé dans Rome (31) même jusqu'à leurs anciens séna-teurs, fait trembler leur capitole par l'épée triomphante de Brennus (32) après sa victoire aux rives de l'Allia (33), et réduit ces Romains si superbes à capituler, malgré la valeur de Manlius (33) qui, enflé d'un faible avantage nocturne dans sa défense, comme tous les ambitieux de sa nation, voulant pour sa récompense subjuguer sa patrie, se fit précipiter hon-teusement du roc Tarpéien (35), au grand plaisir de nos pères qu'il avait repoussés par un hasard inattendu (36).

C'est seulement après avoir été trop abandonnés depuis par l'inconstante fortune, à la suite de leur triomphe à Clusium, et même sous ce courageux Ambiorix (37), roi du pays de Tongres (38), aujourd'hui de Liége (39), qu'il y a fait cons-truire, lui qui se soutint si long-temps contre l'heureux destin de César (40) ; que la fatalité de la guerre et du sort des hom-mes nous a laissé ces deux ruines avec la troisième. D'abord ici, c'est celle de cet antique fort des vaincus, qui avait si long-temps servi à défendre le pays. Peut-être même avait-il servi à tenir comme lieu écarté, selon l'usage des Gaulois, le conseil nocturne d'Induciomare (41), avec ses alliés as-semblés par lui, pour recommencer la guerre, après la dé--faite et la mort de Sabinus (42) et de Cotta (43), campés près de Tongres, alors le château de Vatuque (44). C'est cette victoire qui avait réveillé l'espérance de la Gaule, excité de nouveau par ce vaillant roi de Trèves (45).

C'est encore celle de ce camp romain, dit cité d'Affrique, qui a succédé sur la même cîme à cet ancien château, pour commander au pays, qui forme le second monument de ces temps antiques sur cette côte jadis célèbre par eux.

Puis là, à quatre lieues de distance, en ligne droite, à vol d'oiseau, prise sur la carte et non sur le terrain, comme l'in-diquent toutes les mesures de César ; c'est-à-dire de Méréville vis-à-vis Ludre, à Pont-Saint-Vincent, Chaligny, Clairlieu, Velaine-en-Haie et Jaillon; c'est donc aussi cet autre camp romain, dit de Jaillon (46) qui l'a précédé, et qui en est un troisième monument. Tous trois nous devons les considérer ensemble, avec une sorte de vénération et de douleur, par les souvenirs des malheurs passés de notre terre natale, qu'ils nous rappellent aujourd'hui.

Le premier, comme le plus ancien, est donc ce vieux château de Ludre, qui nous semble présenter un asile, tel que celui de Cativulce (47). Ce roi de cette portion des Éburons (48), désignée dans les commentaires de César et dans Rollin, entre le Rhin et la Meuse (49), à l'orient du pays de Liége, et alliés de nos aïeux. Ce vieillard héroïque ne se sentant plus, à cause de son âge, la force de supporter la fatigue du combat, ni la retraite armée, pour défendre son trône contre cet ambitieux César, qui venait sur lui et sur Ambiorix, roi de l'autre partie des Éburons, à l'Occident, se venger de leur amour pour l'indépendance, préféra s'empoisonner avec de l'if (50), plutôt que de tomber vivant au pouvoir des ennemis, ou même de mourir de leurs mains.

Ce même château semble présenter ensuite un de ces réduits, alors inconnus aux Romains, où cet Ambiorix, se sauvant de son pays de Tongres, se cachait une seconde fois aux poursuites de César, avant de hasarder un combat trop inégal, après la mort de son allié. C'était alors en effet un bâtiment écarté, tout environné de bois qui le dérobaient aux regards; et tel que Rollin nous dépeint les retraites à ce moment de cet infortuné monarque, qui en changeait chaque nuit, et toujours assez adroit cependant, pour s'en échapper encore.

L'autre de ces monuments successifs sur cette côte est voisin de ce vieux château; il est du second temps historique que forme ici l'invasion romaine qui a changé notre sort. Il nous montre à son tour les Romains, enfin attirés par l'avantage de cette position formidable pour se défendre, et d'un si difficile accès pour l'attaque; qui, pour se tenir à portée des Trévirois et des Éburons qu'ils suivaient, se campèrent près de ce château, presque abandonné alors, aidés de deux légions nouvelles arrivées d'Italie.

Labiénus qui commandait ces Romains, avait quitté, pour se rapprocher d'eux, son camp de Jaillon, derrière la Moselle (51), au sud d'Avrainville (52), dans la plaine dite maintenant de Késer (53), (selon Bonuetier, histoire de Scarpone, manuscrit de la bibliothèque de Nancy), nom gaulois de César, près la route actuelle de Domèvre (54) aux Quatre-Vents, et sur le chemin qui le traversait alors, dit encore aujourd'hui le chemin des Romains. Labiénus l'avait ainsi choisi, ce poste, pour remplir l'indication qui lui avait été donnée.

César, dès sa campagne précédente et à son retour d'Angleterre (55), avait changé ses quartiers d'hiver; forcé de disperser ses troupes, à cause de la disette que la sécheresse occasionnait dans la Gaule.

« Il avait mis une de ses légions sur les terres de Térouane (56) « en Artois (57), Pas-de-Calais (58), sous la conduite de « Fabius (59); une autre dans le Hainault (59 *bis*), sous la « conduite de Cicéron (60); la troisième à Séez (61) en Nor- « mandie (62), sous le commandement de Roscius (63); et c'é- « tait avec la 4.e légion, que Labiénus fut mis dans l'état de « Rhims (64) sur la frontière de Trèves », selon l'expression de César lui-même dans ses commentaires, livre v., où il parle de ces deux peuples, comme si tout ce qui est entre eux et même leurs voisins, étaient alors dans leur dépendance.

« *Quartam in Rhemis cum* T. *labieno, in confinio Trevi- « rorum, hiemare jussit* ».

C'est une de ces indications indéfinie, que l'on peut appeler *à vue de pays*, laissée à la discrétion de celui qui la reçoit; c'est exactement selon cette ancienne division des États dominants dans la Gaule, au temps de César, « qui donnait

« seulement soixante-quatre cités ou départements dans son
« territoire, sous ces trois dénominations de Celtique, (59)
Belgique (66) et Aquitaine (67) ».

Des trois autres légions qui lui restaient, il en avait mis
« trois dans le Beauvoisis (68) et dans les environs, comman-
« dées par Crassus (69), Plancus (70) et Trébonius (71). La
« dernière légion qu'il avait levée depuis peu au-delà du Pô
« (72), il l'envoya avec cinq cohortes sous le commandement de
« Sabinus et de Cotta » : ce sont celles qui ont été défaites avec
ces deux chefs, de la mort desquels on vient de parler. C'était
dans ce pays de Éburons, de Tongres et de Liége, entre la
Meuse et le Rhin, pour la plupart, où régnaient Ambiorix et
Cativulce, et qui s'étendait même jusqu'à l'extrémité de la
forêt des Ardennes (73), où les peuples jamais encore n'avaient
été réellement soumis.

Aussi César qui les connaissait, pour plus grande sûreté,
« était demeuré en même temps dans la Gaule, jusqu'à ce
« que ces légions fussent toutes retranchées et établies dans
« leurs quartiers, d'un espace d'environ à peu près vingt-
« cinq lieues chacun (distances directes), pour leur faciliter les
« moyens de subsister plus commodément au milieu de la
« pénurie générale des grains de cette année extraordinaire,
« dans cette Gaule dont la fécondité renommée lui attirait
« les invasions des peuples les plus éloignés de l'Allemagne
« et du Nord ».

La cité de Rhims comprenait alors sous sa protection tout
ce qui tenait à celle de Châlons (74), même encore à celle
des Leucois ; ainsi que ceux de Laon (75) et de Soissons
(76), auxquels on avait pu joindre pour un temps les Médiomatriciens, pour la supériorité de son influence et de sa fidélité
à l'alliance romaine, qui les favorisait tous sous la même dé-
nomination.

Le besoin d'assurer la sûreté de son camp en s'approchant
des frontières de ceux de Trèves, avec qui étaient soupçonnés

d'être unis alors les Médiomatriciens (77) dans la ligne nouvelle
d'Ambiorix et de Cativulce, avait donc fait préférer à Labiénus un emplacement sur le territoire des Leucois, comme
compris encore dans l'alliance fidèle, et trop faibles alors pour
s'en emparer, mais surtout fertile en ressources agricoles pour
la nourriture de ses soldats.

Il s'empara donc de cette plaine, maintenant dite de Késer
et de Jaillon, pour s'y fixer à deux lieues de Toul, qui com-
munique à découvert avec Rhims et les alliés qu'il avait à
protéger. Il était séparé par la Moselle et les forêts immenses
qui se suivent au-delà des pays qu'il avait à combattre, et qui
commençaient au moins à Saarbruck (78), maintenant encore
chef-lieu d'arrondissement du département de la Sarre (79),
dont Trèves était le siége, et seulement à trois lieues de Sarguemines (80), à 18 lieues de Nancy, chef-lieu d'arrondissement dn département de la Moselle, alors suspect jusqu'à Liverdun (81), ancienne généralité de Metz (82), et à deux lieues
de Jaillon. Enfin Trèves n'est qu'à treize lieues de Metz, selon
la géographie moderne d'Ayné, ce qui ne ferait que vingt
lieues en passant par Metz, et même moins en lieues d'Allemagne, n'y en ayant que dix de Trèves à Metz, selon l'ency-
clopédie.

Au temps de César, où les territoires étaient vraisemblablement moins sûrement séparés, la prudence devait exiger encore
plus d'éviter les approches mal reconnues et en général plus
douteuses pour des étrangers auxquels on n'accordait qu'un
accueil trompeur, comme devaient le soupçonner les Romains.

Toutes ces prévisions justifient ainsi, que Labiénus a pu
réellement donner la préférence à ce poste de Jaillon, qui réu-
nissait toutes les convenances.

Au milieu de cette plaine s'élève une petite éminence
arrondie en une sorte de convexité qui domine sur tout ce qui
l'entoure, laissant la vue se prolonger au loin sur le pays
ami; tout en trouvant assez d'espace jusqu'aux forêts pour

en voir suffisamment à temps débusquer les ennemis. S'ils osaient hasarder quelques tentatives, la Moselle, difficile à passer pour eux, le rassurait encore ; tandis que derrière elle, il pouvait communiquer sans entraves avec les alliés des Romains.

Cette éminence est couverte d'une pelouse inculte qui assure la sécheresse du terrain au milieu des pluies, étant pierreux au-dessous, ce qui en forme naturellement le véritable sol le plus convenable pour un camp à demeure.

Au nord et à l'occident, il tourne alentour un ruisseau favorable à être arrêté dans des fossés de fortifications, pour les remplir d'une eau protectrice, qu'on pourrait même faire couler encore au midi et à l'orient, avant de la laisser échapper.

C'est sur cette éminence avantageuse que Labiénus arrêté, veut poster son camp, auquel soit lui, soit les Gaulois, donnèrent ce nom de Camp de Jaillon qu'il porte encore aujourd'hui ; c'est-à-dire pour comprimer et refréner ceux qui se rassemblent. C'est bien sans doute la définition de sa destination, par César, dont le nom gaulois Késer est aussi resté à la plaine qui se retrouve aujourd'hui à la place du camp, après sa destruction.

Ce devait être un camp d'hiver : il l'entoura de fossés profonds, au moins sur les trois faces qui en étaient susceptibles, d'un carré long, dont la quatrième face semble, à l'orient, avoir été défendue en partie par sa pente naturelle hérissée sans doute de doubles murailles et d'ouvrages analogues, mais dont il ne reste rien.

A en juger par ce qui se voit de la partie méridionale du fossé occidental, la largeur de ces fossés par le haut en était d'environ huit toises réduites à trois ou quatre par le bas, et d'environ cinq toises de profondeur. Telle est la portion qui en est maintenant entière encore, appelée l'Étang, à cause du ruisseau qui y tombe. Là, la contr'escarpe un peu plus basse que le sol du rempart, ou plutôt du camp, y est une espèce d'ouvrage à cornes, qui indique qu'elle y contenait le marché des vivandiers, séparé ainsi par une fortification régulière ; tandis que les vestiges du surplus annoncent un escarpement simple. D'ailleurs il est encore là sur les derrières du camp, opposé comme il doit l'être au côté en face du pays ennemi.

La suite de cette portion occidentale du fossé allant au nord jusqu'à la route de Domèvre, est comblée presque jusqu'au bord, ainsi que le fossé du côté nord, sous cette route nouvelle qui s'y unit : elle se nomme aussi l'Étang, à cause de la portion du ruisseau qui y circule encore à la surface.

Le côté du midi est entièrement effacé, et se trouve sous l'emplacement du village, pour l'établissement duquel ce fossé a été comblé et nivelé.

Les quatre angles du camp semblent avoir avancé sur les fossés, comme ceux d'un ouvrage à corne ; sans doute pour en faire le service dans la défense des flancs du rempart.

Il y a à travers l'emplacement du camp, un chemin du village à la route de Domèvre à Sazerais, qui semble avoir traversé dans son temps le camp sur sa largeur d'une de ses portes à l'autre, et qui est encore nommé le chemin des Romains.

Le mur qui a pu entourer le camp sur le bord intérieur du fossé, a été entièrement enlevé sans laisser aucun vestige ; mais une espèce de poterne extérieure, au dehors de l'angle méridional du fossé conservé, a été découverte récemment dans une vigne, par le frère de M. le maire de Jaillon. Il en a arraché les pierres des parements intérieurs, qu'il a ramenées au village ; elles sont des pierres de taille d'un pied et demi de long, sur huit pouces d'écarrissage sur les quatre faces, toutes d'échantillon, comme toutes celles des ouvrages des anciens Romains, et telles que celles des arches de Jouy, (82 *bis*) près de Metz.

En vain voudrait-on supposer ce camp, un reste des Vandales (83) ou d'Attila (84), qui ont fait des irruptions dans ce pays : ces peuples n'avaient point de camps à demeure ; l'on voit au contraire que César, dans ses commentaires, aide lui-même à reconnaître ce camp de Jaillon, pour être celui auquel s'appliquent les dispositions de la guerre qu'il a à soutenir. L'on y reconnaît que ceux qui veulent placer le camp de Labiénus près du territoire actuel de Trèves, directement avec celui de Rhims, ne tiennent aucun compte de la différence des temps dans les délimitations, ni des expressions du texte latin.

César restait au centre de ses quartiers d'hiver, qui étaient sur les extrémités de ses mouvements ; il s'y trouvait arrêté par la guerre d'Ambiorix et de Cativulce, la destruction de Sabinus et de Cotta. Labiénus se tenait plus sur les derrières, pour avoir plus aisé d'attendre des secours de ses alliés les Rhémois et les Lincois, dont il pouvait avoir besoin contre des ennemis qu'il savait n'agir que par surprise. Il avait eu la prudence de mettre la Moselle entre eux et lui, et c'est ce qui lui a donné l'avantage contre Induciomare, roi de Trèves, qui venait bien rôder autour de son camp, mais sans oser l'attaquer de front ; et c'est au passage du gué de la Moselle à Liverdun, pour s'en retourner, et le seul de ce canton, que cet Inducimare a été surpris et tué par les soldats de Labiénus.

L'indication donnée par Ambiorix à Sabinus, de se retirer vers Labiénus, qu'il lui disait n'être qu'à quinze lieues de lui, est une indication suspecte de la part d'un ennemi qui veut le faire tomber dans un piége. La suite du récit de César va bientôt prouver et faire reconnaître la réalité de la position de Labiénus à Jaillon, avec laquelle tout le reste des circonstances de cette campagne s'accorde.

D'ailleurs on n'a trouvé aucun camp romain plus près de Trèves, pour lui appliquer ce qui se passe à l'égard de celui de Jaillon, d'autant plus qu'il en faudrait ailleurs deux pareils que ceux de Jaillon et d'Affrique, et à même distance l'un de l'autre, pour y reporter les faits.

L'on voit partout que c'est la méthode rapide de César, de ne donner des indications de mesures qu'à peu-près, en ne

nommant réellement qu'une trentaine de villes principales et
chefs d'alliances, dans les soixante-quatre cités de la Gaule.
Tel au VI. liv. encore, il dit en parlant aussi de ses quartiers
d'hiver suivants : « deux légions sur la frontière de Trèves »,
et c'est le camp d'Afrique qui y sert. Il dit ensuite : « deux
« autres légions sur les terres de Langres, (85) et le reste sur
« celles de Sens (86) ». Ces distances équivalent sans doute à
celles qu'il indique ici de Rhims à Trèves, où il semble regarder la Moselle comme la séparation des deux territoires,
y compris leurs alliés, que les Rhémois nombraient par douze
villes, sous chaque cité principale. Dans ce sens, Jaillon est
donc pour César en ce moment, sur les terres de Rhims, et la
côte de Ludre sur les terres presque de Trèves, où Labiénus
s'avance par circonstance.

Aussi ce fut à Jaillon que se fixa réellement Labiénus, quand
César l'envoya avec sa quatrième légion, contenir et refréner
ceux de Trèves ; c'etait encore là, lorsque la campagne sui-
vante, après la révolte d'Acon (67) et le refus de ceux de
Trèves, de Chartres (88) et de Sens, de se trouver à l'assem-
blée des états convoqués ensuite de ses victoires sur ceux
du Hainault, que César, comme il le dit au VI.ᵉ liv. de
ses commentaires, « tournant toutes ses forces et toutes ses
« pensées contre Ambiorix, toujours à la tête de ses Éburons,
« et contre ceux de Trèves ligués avec eux, ainsi que ceux
« de Gueldres, (89) avait envoyé tout l'attirail de son camp
« à Labiénus, sous la conduite de deux légions qui lui venaient
« d'Italie ; accordées à sa demande par Pompée, (90) qui
« le traitait encore en ami ».

« Il avait marché ensuite contre ceux de Gueldres, les avait
« obligés à lui envoyer des ôtages, après lui avoir demandé
« la paix ; les menaçant de les traiter en ennemis, s'ils don—
« naient aucune retraite à Ambiorix, ou à ses lieutenants. »
« Après avoir laissé Côme, seigneur d'Arras, son allié, avec
« de la cavalerie pour les tenir en bride, il marche contre

« ceux de Trèves (et contre cet Ambiorix et ses Eburous).
« Ils avaient assemblé de grandes forces, et se préparaient
« à attaquer Labiénus avec sa légion, lorsqu'ils apprirent que
« César lui en avait envoyé deux de renfort, ee qui les obligea
« à camper à quatre lieues de lui, en attendant le secours qui
« venait d'Allemagne ».

Ici c'est la traduction de d'Ablancourt ; mais le texte dit :
« Ils n'étaient déjà plus éloignés de lui qu'à deux jours de
« marche, lorsqu'ils apprirent, etc. » ce sont les mots
mêmes de César, auxquels d'Ablancourt lui-même n'a pas
fait attention, puisqu'il ne les a pas traduits : « *Jamque*
« *abeo non longius bidui via aberant, quum duas venisse*
« *legiones missu Cæsaris cognoscunt : positis castris à mil-*
« *libus passuum XV. auxilia Germanorum expectare con-*
« *stituunt*, liv. VI. ». Deux jours de marche font vingt lieues,
selon l'éditeur de la traduction de d'Ablancourt dans son
avis aux deux dernières pages, *et même vingt-six ou trente-*
deux lieues, selon d'autres, tel qu'il le dit encore. C'est ce
qui indique la distance de Méréville, (91) en ligne directe
derrière la Moselle, (92) pour « y attendre le secours qui
leur arrivait d'Allemagne ».

Ici on est forcé de reconnaître que le camp de Jaillon n'est
plus trop loin, pour être celui vers lequel il leur fallait encore
deux jours de marche avant d'y arriver. Le reste du discours
de César va achever la conviction.

« Sur ces nouvelles, Labiénus croyant profiter de leur té-
« mérité, laisse cinq cohortes à la garde du camp, et vient
« camper à mille pas d'eux avec les vingt-cinq autres et
« un grand nombre de cavalerie ».

Ce fut donc ici à la côte de Ludre, en face de Méréville,
dont il est bien à environ les 750 toises directes indiquées par
les mille pas, étant de quatre pieds 6 pouces chacun.

« Il passait entre les deux camps une rivière dont les bords
« étaient escarpés et le passage difficile ». La Moselle passe

entre ces deux positions, et Rollin ajoute qu'il croit que cette rivière non-désignée est la Moselle. Si c'eût été auprès de Trèves; César n'aurait pas manqué de la désigner, comme plus reconnaissable, et les quatre lieues de distance des Gaulois ne se seraient plus trouvées à plusieurs journées de marche de Trèves.

Labiénus cherchant donc à débusquer les Éburons et les Trévirois, ne voulant pas traverser la rivière lui-même et cherchant à les attirer dans un combat désavantageux pour eux, feignit de descendre pour décamper « en fesant plus de « bruit et de tumulte que ne porte la coutume romaine; de « sorte que son départ ressemblait plutôt à une fuite qu'à une « retraite ».

Trompés par ces apparences, « les Gaulois virent à peine « les dernières troupes sorties hors du camp, qu'ils passent la rivière, et s'engagent au combat en un lieu défavorable »; (c'était dans la plaine de Bédon, près les bancs de Lupcourt et d'Azelot), 2 (92) où Labiénus eut en effet la victoire, aidé par les Sicambres, 3 (92) qui avaient passé le Rhin dans le même moment pour s'établir dans la Gaule, qu'ils ravageaient de leur côté, mais d'où César les repoussa ensuite.

C'est même de cette victoire, que cette plaine au pied de la côte de Ludre, de l'autre côté de la chaussée et au midi, a reçu le nom de Bédon, originairement pé-tong, qui signifie des Renversés-Teng, syncope de Tongres, les Éburons, principale partie de l'armée des Gaulois, qui avaient été défaits sur ce champ de bataille; tandis que les Trévirois sans doute avaient été ceux qui s'étaient enfuis dans les bois à côté de cette plaine, (les bois de Richardménil), 4 (92) « où la ca- « valerie romaine les poursuivit et en tua, ou fit prisonniers « un grand nombre ».

Après ce triomphe, les légions arrivées d'Italie, parmi lesquelles se trouvait celle commandée par Pompée, furent laissées dans ce lieu en quartier d'hiver pour garder et contenir le pays, sous la conduite d'un nommé Gélon, qui, disent l'ancienne tradition et les anciens titres de Ludre, les avait amenées d'Affrique.

Elles étaient de celles qui avaient servi à leur tour à contenir la partie de cette troisième partie du monde, où Pompée avait défait et tué Domitius-Ahénobarbus qui voulait s'en emparer pour lui. Elles avaient toujours succédé et demeuré dans le même camp que celles qui avaient vaincu Domitius; et ce camp s'y trouvait aussi sur une hauteur qui n'était séparée de celui de Domitius que par un petit courant d'eau, (dit Rollin, T. x., p. 306).

La ressemblance de la cité affricaine, avec celle du camp de Ludre, de même sur une hauteur séparée par la Moselle du camp des Gaulois vaincus, leur a fait ici donner à celui-ci aussi, par analogie, le nom de cité d'Affrique; nom qui lui a été conservé jusqu'à ce jour, et dont se glorifie dans ses titres, la maison des anciens comtes de Ludre, comme propriétaires de cet ancien camp des vainqueurs, dont la puissance onéreuse s'y montre passée comme eux, et où leur cité nationale est devenue un domaine particulier.

Ces légions en s'établissant ainsi à demeure dans ce camp devenu une de leurs cités, et en lui donnant ce nom qui nous rappelle également que leur puissance en Affrique, dont elles étaient si glorieuses, y est aussi passée comme chez nous, semblent ne nous avoir laissé ce monument de leurs victoires, sur celui des peuples d'Affrique qui avait eu le brillant avantage de s'étendre le plus sur la surface du globe par les succès de sa marine, que pour nous consoler enfin de ce que nos pères avaient eu aussi le malheur de succomber sous le joug de l'insatiable Rome, et pour apprendre aux nations conquérantes toute l'instabilité passagère de leur prétendue bonne fortune.

Malgré l'orgueil de ces aigles romaines, jalouses de s'étendre et d'établir le plus grand des empires, ces camps fortifiés qui leur survivent au moins en partie parmi nous, pour démasquer à l'histoire les inquiétudes qui empoisonnaient leurs lauriers,

nous les montre au milieu même de leurs plus heureux jours,
n'osant s'établir dans les villes, et ne se croyant en sûreté que
dans ces emplacements de précautions militaires : comme César
l'avoue lui-même au liv. VI de ses commentaires « à cause du
« danger d'être surpris par les embûches et l'adresse des
« Gaulois ».

Une telle contrainte témoigne encore aujourd'hui la crainte
que leur inspirait toujours le courage indomptable de nos
valeureux ancêtres, au milieu même de leurs défaites incapables
de les réduire, et qui n'étaient jamais que momentanément
tranquilles, sans les entraîner à se laisser engourdir dans une
paix honteuse, ni à s'amollir par le luxe des vainqueurs.

Aussi pendant le reste de la campagne, César nous dit dans ses
commentaires : « qu'il fit continuer le dégât commencé sur les
« terres des Eburons et des Trévirois, et que tout y fut ra-
« vagé ; mais sans pouvoir achever sa vengeance sur cet
« Ambiorix, qui lui échappait toujours, même au moment
« d'être pris, changeant perpétuellement d'asile, n'ayant
« autour de lui que quatre cavaliers, et malgré tous les efforts
« dirigés contre lui ».

Ce fut dans ce moment, que les Romains renversèrent l'ancien château de Ludre, dont les vicissitudes des choses ont
bien pu faire disparaître les formes des apparences figuratives,
et d'une grosse tour, les réduire à une espèce de môle arrondi.

Mais les souvenirs impérissables de sa glorieuse existence,
les y font toujours entrevoir, par l'heureuse illusion de l'enthousiasme pour les grands effets du courage de la patrie sur
les sacrifices qu'il a été réduit à faire ; ils ont été d'autant plus
énergiques, que la destruction de ce fort a été plus complète,
et par conséquent plus honorable pour eux, par la crainte
que ces derniers restes en laissaient encore aux vainqueurs.

Elle justifie la valeur des compagnons d'Ambiorix, qui auraient délivré le pays du joug de ces Romains insatiables, si
les incursions inattendues des Germains n'avaient pas contra-
rié leurs efforts.

Il eut été glorieux sans doute de vaincre des conquérans ; mais il est plus glorieux peut-être encore d'être morts en se fesant exterminer pour la patrie, puisque c'était le seul moyen que la grande âme des vaincus laissait à la force supérieure des vainqueurs, pour assurer leur triomphe.

La méfiance des Romains qui avaient établi leur cité sur la même cime, n'a pas voulu laisser subsister près d'eux les débris d'un fort qui servait de retraite à leurs ennemis ; et sans doute aussi par vengeance de leur avoir fait échapper l'adroit et vaillant Ambiorix, ils l'ont entièrement démoli.

Cette méfiance qui leur fesait retenir leurs troupes toutes ensemble, « quoiqu'il eût fallu les répandre, dit César, pour « mettre fin à la guerre », montre qu'il se prévalait de la plus grande connaissance des Romains, de l'art de se fortifier dans leurs camps, depuis la guerre de Pyrrus qui le leur avait enseigné par les siens (comme le dit Rollin). Mais il n'en rend pas moins, malgré lui, justice à la valeur de nos pères, en avouant aussi : « qu'il emmena avec lui, comme un puissant renfort dans son expédition en Angleterre, (93) toute la noblesse des Gaules. » Quel éloge flatteur dans la bouche d'un ennemi tel que César !

Trop confians peut-être dans leur bravoure si justement renommée, les Gaulois négligeaient trop sans doute alors les secours de l'art de se défendre ; et c'est évidemment la pré-voyance contraire qui a fait seule la supériorité de ces Romains qu'elle a rendus célèbres.

C'est ce que montre encore aujourd'hui la disposition re-marquable de ces camps à demeure, et surtout comme mieux conservée, celle de cette cité d'Affrique, qu'ils ont laissée et qu'ils ont si orgueilleusement décorée du nom de cette troisième partie du monde. Comme chez nous, ils ont su y profiter des ressources de l'art qu'ils commençaient à mieux connaître ; et contre ces Carthaginois (94) si illustres, qui comme les Gau-lois les avaient d'abord vaincus ; et contre ces Égyptiens (95) si célèbres, qui après avoir tenu si long-temps en captivité

le peuple d'Israël, (96) se sont trouvés réduits par les peuples
d'Asie (97) et d'Europe. (98)

Leurs défaites par les Romains, semblent au moins justi-
fier nos pères de ce qu'ils n'ont pas été plus heureux.

Sur la côte de Ludre, la cité d'Affrique est à environ 450
mètres de cette ancienne tour du vieux château, devenu depuis un tombeau informe, méconnu successivement dans les
temps postérieurs, par l'insouciance de nouveaux construc-
teurs qui l'ont dévasté pour en utiliser ailleurs les débris.

Ce camp à demeure, cette cité guerrière, nous y retrace
encore par ses formes, le degré de perfectibilité de ces Romains dans l'art tout à la fois si nécessaire au bonheur social
contre l'oppression des conquérants, et en même temps si
dangereux pour la tranquillité des peuples : l'art de faire la
guerre, qui délivre des ennemis ou enchaîne à leur char,
selon le sort qui la dirige.

Ce camp jadis formidable, forme une sorte d'ovale aplati
à un bout, d'environ 600 mètres de longueur dans son grand
axe, d'occident (99) en orient, (100) sur environ 450 mètres
de largeur dans son petit diamètre, du midi (101) au nord
(102): mesures déjà à-peu-près données en 1823 par M. de
Golbery.

A l'occident, il se pose sur le bord inaccessible du rocher
à pic de 82 mètres de hauteur, au-dessus du village de
Messein (103), en face de la Moselle, sur environ 350 mètres
de largeur.

Au nord et à l'orient, du côté de la forêt dite impériale,
près la plaine haute dite de Charlemagne, il est entouré d'une
double enceinte de remparts, avec doubles fossés et hauts
d'environ 15 mètres dans les endroits restés les plus creux. Ils
sont maintenant en forme de terrasses sur lesquelles s'élevait
autrefois, dit-on, un mur dont on voyait encore un grand
pan en 1532, selon la notice de dom Calmet.

C'est le côté le plus fortifié, à cause de l'étendue du bois, qui se prolonge sur les sommets de toutes les côtes au même niveau, jusqu'auprès de Toul, l'espace de près de six lieues, dont la côte de Ludre est le commencement ou plutôt la fin, si l'on considère la direction de la route.

Au midi, sur le bord de la pente inclinée, mais rapide de la côte, l'enceinte est simple, avec un fossé même peu conservé, ayant au-delà de sa contre-escarpe, à 3o mètres environ de distance, un plateau carré-long, élevé en terrasse plate de près de 4o mètres de largeur sur 5o de longueur.

C'est le lieu où se tenait la place des vivandiers, et nommé encore maintenant le vieux marché.

Tel était celui dont on reconnaît un angle et un côté à l'occident du camp de Jaillon.

Tel était aussi celui établi près du camp de Quintus Cicéron, (104) frère de l'orateur, décrit dans le vi.ᵉ liv. des Commentaires de César; camp qui contenait neuf légions, et où cependant dans une insurrection des Gaulois, au moment où les Romains en étaient sortis pour fourrager la campagne, Sabinus et Cotta furent défaits, malgré la belle défense de Publius-Sextus Baculus. (105)

Quoique déjà malade, il s'était mis à la porte dite Décumane, pour la défendre, et s'y évanouit après y avoir soutenu en vain quelque temps l'attaque: tant nos ancêtres étaient indomptables et se faisaient redouter de leurs oppresseurs, même au milieu de la dépendance qui pesait sur eux.

Ce camp d'Affrique a trois portes : l'une au midi, vers le marché des vivandiers, pour les communications nécessaires avec le pays et les approvisionnemens; une autre en face, au nord, sur la forêt qui couvre cette plaine élevée, pour pouvoir amener du bois à volonté au besoins du camp: c'est celle que les Romains nommaient porte Décumane, la grande porte de derrière. C'était aussi près de cette porte, que campait la dixième légion lorsqu'elle était au camp, et dont elle prenait ainsi le nom.

La troisième porte est à l'orient, vers l'ancien château et le chemin du village. C'est par elle qu'on peut communiquer avec le souterrain, dont l'ouverture nommée maintenant le trou du taureau, est au milieu de la portion de bois dite le bois des vaches, entre l'ancien château et la cité d'Affrique, sur la pente méridionale de la côte au-dessus des vignes.

Cette ouverture s'enfonce d'environ 10 mètres de profondeur, en forme d'entonnoir, réduit à un mètre environ par le bas, où l'on découvrait autrefois une ouverture pour entrer dans le chemin couvert qui y aboutissait, et qui se partage en plusieurs branches. Il conduisait sans doute d'abord au village, puis peut-être aussi à Messein et à la Moselle, pour faire de l'eau ; et même à Houdemont, (106) pour passer en sûreté dans la plaine, ou de la plaine au vieux château, et ensuite au camp.

Tel il en est de semblables encore aux environs, qui communiquent, l'un par exemple, de Foug (107) à son ancien château, que Louis XIII (108) fit démolir en 1634, comme César avait fait démolir celui de Ludre ; parce que ce château de Foug avait été bâti par Henri II, (109) duc de Bar, (110) des débris du palais de Savonnières, (111) qui avait appartenu aux rois de France, (112) et parce qu'il avait servi de Temple de l'hymen à René (113) d'Anjou, (114) pour épouser Isabelle (115) de Lorraine. (116).

Un autre souterrain conduit aussi de Toul au sommet de la montagne (117) Saint-Michel (118) qui l'avoisine, où en temps de guerre, l'on établit toujours des redoutes.

D'autres sont encore également répandus dans le pays.

Dans ces derniers temps, l'on avait cherché à pénétrer dans ce souterrain de Ludre ; mais l'on y a rien trouvé qui donnât le désir de le parcourir très-avant, et l'on en a abandonné l'exploration. L'on voit seulement qu'il a été construit pour servir à l'ancien château en temps de guerre, ou pour s'échapper comme Ambiorix, ou pour y amener du secours et des vivres en secret.

Les habitans de Ludre appellent aussi une porte du camp romain, et qui serait alors la quatrième, un échappement dans le terrain au-dessus du rocher à pic, du côté de l'occident, vers le milieu de l'étendue de ce rocher.

Mais cet échappement semble plutôt fait par les eaux que par les hommes, quand grossies par les orages, elles cherchent un dégagement pour s'écouler.

Ce nom de porte, qu'il semble qu'une ancienne tradition a laissé dans la mémoire des habitans de ce canton, paraît plutôt une antique dérision pour faire sentir les difficultés d'assaillir par-là ce camp, cette cité, et d'y pénétrer lorsqu'il était occupé par les légions romaines.

L'on prétend aussi que récemment on a trouvé dans les fossés de ce camp, au nord vers le bois et près de la porte qui y conduit, un amas de pierres, à gauche, sous lesquelles étaient des ossemens humains, calcinés dit-on comme ceux des morts romains qu'on brûlait, et même une tombe sur laquelle était une inscription en caractères inconnus à ceux qui ont dit les avoir trouvés.

L'on ajoute qu'il y avait des bagues en pierreries mêlées parmi ces ossemens; mais maintenant il n'y en a plus aucuns vestiges, ni sur les lieux, ni entre les mains de personne.

On voit bien dans ce fossé, quelques trous carrés d'environ deux mètres sur chaque face; mais ils sont modernes, et avaient été faits par les habitans de Ludre, dans le temps de l'invasion des alliés en 1814, pour s'y cacher en les couvrant de planches.

Ils n'ont pas servi, parce que les cosaques (119) y sont montés tout en arrivant, un jour plutôt qu'on ne les attendait, et pour mieux découvrir la campagne, depuis cette hauteur où ils se sont fait même porter à dîner. C'était une singularité piquante de voir ainsi les habitans du Don, parcourir sans le savoir, et fouler aux pieds dans leur gaîté sauvage, un camp de ces illustres Romains dont ils n'ont jamais eu aucune idée; et pour se servir de l'expression même de César en parlant des barbares de la Gaule, devant les Romains rassemblés : « qu'ils n'auraient jamais osé regarder en « face, » de leur temps, s'ils eussent été là pour le défendre.

Que de réflexions profondes suggèrent à la fois ce petit emplacement escarpé, avec ses deux ruines, qu'il semble conserver là, ainsi que les restes du camp de Jaillon se conservent encore sur la plaine de Késer, pour la leçon de l'avenir, sur l'instabilité de la durée des peuples, comme des hommes et de leurs institutions en apparence les mieux affermies !

O combien ce fossé dit l'Étang, sur cette plaine de Késer, ce chemin dit encore des Romains, sur le sol même de la cité de Jaillon, et l'emplacement élevé où se retrouvent les décombres de ce vieux château de Ludre, ainsi que cette cité d'Affrique, ce camp à demeure des légions de Gélon, (120) placé par Labiénus à côté de cette plaine dite de Charlemagne, au-dessus de ce village de Ludre, renouvelé par l'aspect de son nouveau château, et au-dessus encore de ce Messein, rebâti en partie sur les ruines de son ancien château, nous montrent à la fois d'époques successives des origines de notre histoire !

Élevé surtout sur ce sol toujours antique, même au milieu de nous, de ce vieux château de Ludre et de cette cité d'Affrique qui l'avoisine et qui rappelle celui de Jaillon ; ce n'est plus en Lorraine qu'on semble se voir ; les siècles disparaissent, les temps reculés se rapprochent, on se croit transporté tout-à-coup dans les temps de cette Gaule primitive, où les peuples du Nord qui se disaient descendus de Pluton, (121) c'est-à-dire du pays du froid rigoureux augmentant, Rigeos Plôutontos, (122) ont commencé la race de nos ancêtres, en nous apportant leurs mœurs guerrières, leur idolâtrie sauvage et leur féodalité belliqueuse, devenue dans le moyen âge asservissante par les abus, et enfin abolie de nos jours par le pouvoir légal réparateur.

On croit voir encore ces Druides, qu'institua Druis leur premier grand-prêtre, l'an 2900 du monde, 1104 ans avant notre ère, selon Duverdier, fonder leur théocratie sur la crédulité qui semblait devoir la rendre immuable ; quand 53 ans après l'établissement de ce camp romain, lors de la naissance et de l'adoption du christianisme, leur règne était passé pour jamais. On croit les voir dans leur délire féroce, faire des sacrifices d'hommes entassés dans des paniers d'osier, auxquels ils mettent le feu, comme un hommage au grand Être leur Dieu, qu'ils nomment Teutates, dont ils méconnaissent ainsi la bonté paternelle, tandis qu'ils devaient le croire indigné du sang versé sur ses autels.

Ce camp lui-même d'ennemis fameux, à qui leurs oracles promettaient d'asservir le monde et d'établir immuablement un empire universel, semble n'être resté là que pour attester dans ses ruines le néant de cette grandeur romaine, le fléau des nations de son temps.

Mais il y appelle en même temps l'étonnement et l'affliction sur les vicissitudes de la fatalité, en le voyant dans cette Belgique même, où étaient, ainsi que l'avoue César en commençant le récit de ses campagnes, liv. 1 « les plus vaillans « des Gaulois, *horum ommium fortissimi sunt Belgæ* ; » parce qu'ils étaient les plus éloignés du luxe et du commerce de Rome.

Cependant les dissensions intestines, y font d'un côté des partisans et des appuis tels que ceux de Rhims, à ce conquérant séducteur autant que guerrier ; tandis que de l'autre, pour s'en défendre, « il fut brûlé plus de XX villes seulement « dans le Berry, et qu'il en fut de même dans les cités voi- « sines. *Uno die plus quam XX urbes Biturigum incendun- « tur, hoc idem fit in proximis civitatibus*, l. VII, afin de lui « ôter le moyen de pouvoir subsister. »

Quel courage de tels faits ne montrent-ils pas dans l'âme de nos aïeux, et quels ennemis auraient jamais pu les réduire, si la masse du peuple eût été bien d'accord !

C'est, il faut l'avouer, cette féodalité anti-sociale qui anéantissait sous la servitude l'esprit national des masses opprimées par les dettes de leur pauvreté, les exactions et la violence des grands : « *plerique quum aut ære alieno, ut magnitudine tri-* « *butorum, aut injuria potentiorum premuntur* » liv. **VI**. C. elle laissait sans succès contre les Romains, les efforts trop isolés de cette noblesse, réduisant imprudemment l'état à sa seule existence et à ses seules ressources.

Les serfs soldats qui ne se trouvaient rien de personnel à défendre, que l'intérêt de leurs créanciers et la servitude de leurs familles, manquaient naturellement de bras pour résister à un changement de situation qu'une guerre étrangère leur promettait. La seule espérance de ce changement leur suffisait souvent pour annuler leurs forces, quand elle ne leur inspirait pas au moins des vœux pour les succès de cette guerre. Le désir de l'amélioration de leur sort devenait pour eux la seule patrie qu'ils entrevoyaient, ou plutôt ils regardaient cette amélioration, comme celle de la patrie elle-même, et les traits qu'ils lançaient n'atteignaient pas les Romains.

Les Druides, à l'abri des hasards de la guerre, exempts d'impôts et de servitude, tout en remplissant leurs cavernes des richesses offertes à leur Dieu pour en obtenir l'heureux appui contre les armées qui s'avançaient, enfermés dans leurs souterrains, attendaient tranquillement les vainqueurs pour leur rendre hommage, les féliciter des succès que le ciel leur donnait, et implorer leur protection puissante pour la conservation de leurs autels qui leur abandonnaient le pays et la nation pour récompenser leur attachement au culte religieux.

A côté de leurs teutates, (123) l'Être suprême, la tête, le commencement des choses et du monceau de terre, (le globe terrestre,) et dont le pouvoir bienfesant fait récolter leur prudence flatteuse, proclamait la nécessité d'honorer dans Mercure (124) le Dieu des arts et de l'industrie, pour les faire prospérer dans le pays, comme chez les Romains. Dans Apollon

(125) ils faisaient invoquer l'art de guérir les maladies , science peu commune dans la Gaule ; ou la guerre seule faisait la santé des nobles. La vertu par eux, se révérait dans la chaste Diane, (126) la protectrice des forêts, qu'habitait la véritable paix du monde ; et ou la chasse donnait la nourriture et les plaisirs des grands, que l'agriculture dédaignée, n'était pas digne encore de leur fournir entièrement.

Dans le nouvel enthousiasme, que propageait leur pouvoir sur la crédulité ; le temple de cette déesse s'élevait à Léomont, et le nom du hameau de Luniefyle, oubliant son orthographe originelle, se convertissait en celui de Lunéville, lunæ-villa, cense de la lune, enclos de la lune, bastide de la lune, dans l'orthographe latinisée.

Aux efforts du génie, ils faisaient encenser Minerve ; (127) à la valeur, ils montraient Mars (128) pour protecteur ; et Jupiter (129) était annoncé comme le souverain de ces Dieux étrangers, au quel comme à Mars, ils faisaient depuis, vouer avant le combat les dépouilles des ennemis, et sacrifier le bétail après la victoire : tandis que les temples de tous, se remplissaient également du butin pris sur les ennemis ; et des richesses que le peuple à leur voix, oppressive des esprits faibles, pour affermir leur superstitieux empire, s'empressait d'y porter en foule.

Au milieu de ces réminiscences historiques, l'on croit revoir encore le despotisme féodal ; donner dans la Gaule « au survi-
« vant, tout le bien de la communauté matrimoniale, aux
« dépens même des enfans : » tandis qu'en Germanie, « dans
« chaque commune, les biens sont en commun, et s'y parta-
« gent chaque année, pour que l'égalité des fortunes y pré-
« serve des divisions, y entretienne la paix et la concorde, et y
« ôte toute crainte de la tyrannie ». César. Liv. vi.

On croit le revoir, « s'attribuer la puissance de vie et de
« mort sur la femme et sur les enfans ; mettre à la torture
« comme une esclave, la femme, sur le moindre soupçon ;

« et lorsqu'elle est trouvée criminelle la brûler, après lui avoir
« fait souffrir de très-cruels supplices ; tandis qu'en Angleterre,
« les femmes y sont communes à dix ou douze, principale—
« ment dans les familles ; les enfans seulement y appartien-
« nent, à ceux qui les ont épousées : selon la remarque de
« César ». Liv. v.

Il semble même voir, les funérailles magnifiques des grands,
dans cette Gaule, où « l'on brûle avec le corps du défunt, ce
« qu'il a de plus cher, jusqu'aux animaux qu'il possède ; et
« plus anciennement les esclaves, et même les affranchis : »
(César, liv. vi.) comme au Malabar (129) aujourd'hui encore.

Il n'y manquait plus que d'y voir monter d'elle—même et
par honneur, sur le bûcher de son mari ; la femme toute vi-
vante, et glorieuse de son sacrifice.

Il semble voir aussi « la noblesse toujours en armes, faire
« juger de son crédit par sa suite, marque de sa grandeur ;
« C. liv. vi. tandis qu'en Angleterre, les plus civilisés s'ha-
« billent de peaux comme les Germains, se teignent le corps de
« pastel, (comme les sauvages); pour se rendre plus effroya-
« bles dans les combats, et s'y rasent tout le poil, hormis
« les cheveux et les moustaches ». César, liv. v.

Emporté par son illusion, le contemplateur s'écrie : « hom—
« mes de tous les temps et de tous les pays, vous êtes donc
« partout, toujours dans la dissimilitude des opinions et des
« usages ; pour lesquels l'avancement de la perfectibilité de—
« vrait vous réunir !

« Encore, si vous vous étiez toujours contentés de vous com-
« plaire en paix, dans vos divers systèmes ; vous auriez plus
« complètement joui du bonheur auquel vous étiez appelés
« sur la terre : mais vos fureurs inconsidérées, ont toujours
« changé ces Champs—Élyséens qui vous étaient donnés ; en
« un tartare de peines, dont à la longue, il ne vous reste
« aucun avantage permanant ».

C'est ce que nous disent depuis 1882 ans, ces cités de Jaillon
et d'Affrique, d'ennemis trop fameux, quelques années vain-

queurs; mais toujours inquiets et troublés au milieu de leurs triomphes.

C'est ce que nous disent de même, près de celle d'Affrique, pour doubler nos réflexions : les décombres de cet ancien château de Ludre, qu'ils ont bien pu renverser: mais sans jamais asseoir immuablement ici ni ailleurs, leur ambitieux empire.

Le fils des Gaulois qu'ils avaient domptés, jouit maintenant de ce qu'il n'en survit plus, qu'un nom célèbre; après être passés comme un songe : et il rend grâce aux dieux, de ce que leur disparution de dessus la terre, nous venge des maux qu'il nous ont fait jadis.

Le nom de Charlemagne qui s'est attaché depuis à ce sol, y montre l'heureuse succession de la monarchie Française, à cette domination étrangère; et les avantages du pouvoir légitime restitué, après la tourmente de l'usurpation Romaine.

L'idée de la race de cet Empereur Roi de France, nous fait même entrevoir le commencement de cette Lorraine, sous Lothaire (13o) son petit fils; En un peuple particulier, que les fastes de l'histoire ne peuvent oublier, et qu'envièrent successivement, et l'empire et la France, à la quelle nous sommes restés, pour nous assurer une paix durable sous un pouvoir royal paternel.

Qu'on aime à se retracer ainsi, à l'aspect de ces vieux monumens, des antiques révolutions de notre ancienne patrie; le courage héroïque de nos ayeux, modèle de celui de nos contemporains; qui les anime toujours de cette même énergie, qui caractérise l'esprit de cette contrée, dont se trouve distingué dans tous les temps, le nom des Lorrains.

NOTES.

(1) Dans son radical étymologique de la langue primitive univer-
selle, la langue babylonienne, la seule de toute la terre à l'époque de
la fondation de cette ville, selon le 1er verset du chapitre xi de la
Genèse, où il est dit ainsi : « Alors il n'y avait qu'une seule langue,
« et une seule parole sur toute la terre, » laquelle langue primitive est:
conservée dans la langue chinoise, dès le temps de Fohy, avant la
confusion des langues; ce nom de château qui en est formé, comme
tous les mots de toutes les langues secondaires et leurs dérivés, est
cha-te-hao, —11539—2694—3888, 3 aux longues piques, — 1 la
possession — 2 du grand. Les numéros sont ici comme dans tout le
reste de ces notes, ceux de ces trois monosyllabes, dans la série des
mots du dictionnaire chinois de M. de Guygnes, depuis 1 jusqu'à
14000. (1, 2, 3, chiffres d'ordre de la construction de la phrase.) Les
ouvrages divers, relatifs à la démonstration de la découverte de
cette véritable première langue, comme ceux relatifs à la découverte
de l'art véritable de lire entièrement, complétement et littéralement
les hiéroglyphes, seront publiés incessamment.

(2) Ludre, Lu-tie, 2336—4174, éminence – et arbres. Depuis les
défrichements des pentes de cette côte de Ludre, ce nom a pris une *s*,
représentative du monosyllabe primitif, *se*, 7247, qui signifie : et récolte, à cause des vignes qui y ont été plantées postérieurement.

(3) Cité, sy-te, 11128—2694, pour se reposer long-temps-pouvoir.

(4) Affrique, ce nom s'écrit ici par 2 *ff*, selon l'étymologie de sa
prononciation africaine; par un *ph*, Aphrikia, sur laquelle s'est mo-
delée la prononciotion gauloise, tel que dans l'histoire de ce pays et
dans les titres des anciens comtes de Ludre; du primitif: hao-fey-fy-
y-kue, 3989—2467—3787—1078—5824, pays des grandes eaux-et
des déserts – orné – de sommets (de montagnes) – et de troupes de
bêtes féroces. Cette définition est plus complète que celle de l'ortho-
grape de ce nom à un seul *f* de la géographie actuelle, où l'idée des
déserts manque, tandis qu'ils remplissent encore le cœur de l'Afrique.

(5) Toul, Tou-le, 3700—8401 ; elle ferme - les côtes.

(6) Leucois, le-hù-ko-y-se, 8401—9977—11312—7252—7247; leurs côtes - donnent - des vins supérieurs - et abondance de grains - à récolter.

(7) Germanie, Jè-y-mày-nie, 323—2786—11,610—3581 (pays) des grands-unis - se serrant - dans le danger.

(8) Lutèce, Lu-te-se, 924—5031 *bis* suppl. 2171;—elle s'aide - de l'eau - pour être en repos; (elle était dans l'île de la cité.)

(9) Paris, de Pay-y-se, 4975—214—2171; des bras de la rivière-elle s'appuie - pour être en repos: elle était dans l'île de la cité, au milieu de la Seine, Se-y-nie, 7247—8748—1821 : elle recueille-les vaisseaux qui marchent-dans le danger. C'est cette définition qui a fait donner au Hàvre, à son embouchure, le nom de Hàvre-de-Grâce. Ces définitions justifient bien cette métonomasie.

(10 Strasbourg, Se - tjao - se - pou - y - ke, 1436—3234—1673—4987—11181—6960; difficile - a battre - étant bouchée (fermée)-par le rivage; - ville - forte.

(11) Léomont, Leao-mòng - te, 6742—13169—2694, pour regarder de loin-lieu - à posséder.

(12) Lunéville passe pour tenir son nom du culte de la lune, qui y était honorée dans l'antiquité, au temps de l'origine de son hameau primitif; mais il ne vient pas du latin *Lunœ villa*, comme on l'a cru. Il est au contraire formé directement en gaulois, du primitif : Lù-niè-fy-ly-le, 220—592—3787—8864—8401 ; de la compagne (de la terre, c'est-à-dire du satellite de la terre) - troublée (dans sa forme par ses phases), - l'ajusté - en enclos - à la fin des côtes. Les Gaulois avaient un nom pour ce satellite avant d'avoir connu celui que les Romains lui donnaient; et c'est même de l'expression troublée qui en est l'adjectif, qu'est venue dans ce pays, celle par allusion de dire d'une personne qui paraît avoir l'esprit un peu troublé: il est luné, il est lunatique.

Le nom patois actuel la lune, du plus ancien gaulois, est formé du primitif lea-niè, 9306—592, qui signifie la captive-troublée. Le nom de captive (sous-entendu de la terre), exprime ici l'idée de l'enchaînement de la lune, dans l'attraction de la terre qui l'entraîne avec elle, dans sa révolution annuelle autour du soleil.

Ces étymologies gauloises sont différentes de celles du latin *Lunœ villa*, qui a une autre signification, quoique rapprochée. Le nom latin *luna* au génitif *lunæ*, formant *Lunævilla*, vient au contraire du primitif lu–na–hé–fy–ly–là, 220—3413—10,549—3787—8864—3297, de la compagne (de la terre, le satellite de la terre),—qui pèse avec force—dans son brillant, (son plein, dans lequel l'attraction de la lune se fait le plus sentir, en augmentant la hauteur des marées), —l'ajusté—en enclos—tirés, (c'est-à-dire étendus alentour.)

Les latins considéraient ainsi l'effet de la pression de la lune sur la terre, relativement à l'élévation de la mer par la pleine-lune; comme l'effet de la pression d'un poids sur le milieu de la surface d'un liquide, dont elle fait relever les bords proportionnellement à l'enfoncement de ce milieu. L'attraction n'y paraît pas encore être leur pensée comme elle se montre dans celle de la table du hau-ton de Fohy, cependant bien antérieure aux langues secondaires; et dont je donnerai bientôt la traduction avec celle du lo-chu.

L'on voit que les idées gauloises ne sont pas les mêmes que la latine, quoiqu'elles lui servent de traduction; et cette différence est justement ce qui forme celle du génie des langues, qui se varie dans chacune, ayant été composée séparément, et indépendamment l'une de l'autre, selon les diverses perceptions de l'esprit de chaque nation, de chaque peuple même qui les a formées.

(13) Nancy, de Nancay, ancien château; Nàn–say, 11,933—9690, difficile-à détruire, parce qu'il était situé au milieu d'un marais, recouvert maintenant par la place Carrière, sur une voûte qui la soutient.

(14) Féodal, de feòu–ta–ly (11,739—1797—5936, lieu–du grand - qui gouverne.

(15) Gaulois, Kào-loui-sé, 6473—6978—7247, haut (de taille) qui s'avance-pour se battre-et récolter.

(16) Histoire critique de l'établissement de la Monarchie française dans les Gaules.

(17) Gaules, Kào–lé–sé, 4312 *bis* supp.—8401—7247, arbres - sur les côtes - et récoltes (dans les plaines). Ici l'*s* est la marque du pluriel, et signifie assemblage; par allusion au mot récolter, signification directe, qui donne l'idée de l'assemblage de plusieurs choses de la même espèce.

(18) Cet éclaircissement, que donnent les étymologies de ces deux orthographes, explique enfin la raison de l'adoption du nom de

Ludre sans *s*, par les anciens comtes de Ludre; l'on voit que c'est parce qu'à leur établissement dans ce pays, en y arrivant de la Bourgogne, l'an 1200 de notre ère, le village et le coteau dont ils sont devenus propriétaires, étaient encore environnés de bois, et que les défrichements, les vignes et la culture y sont postérieurs. Alors ils ont causé l'addition de l'*s*, syncope du mot primitif sé, 7247, par les défrichements et les récoltes qu'il exprime; et par lesquels les anciens comtes de Ludre ont commencé le bonheur de ce village, qu'ils augmentent tous les jours, en ne s'y fesant jamais remarquer que par leurs bienfaits.

(19) Druide, ty-lu-y-te, 2421—8594—2182—2886, au Seigneur du ciel – il offre des sacrifices de viandes crues – et par des discours obscurs – il rend content.

(20) Bibracte, py-piao-ke-te, 5739—7034—12,738—2694, enclos – où la magistrature – de la ville et du royaume – a son pouvoir. Son nom actuel est aujourd'hui Autun, de : Hao-tun, 1743—1710, (ville) à fossés autour de ses remparts – et sur une terre unie, sur laquelle il y a une petite élévation. (La place de la cathédrale actuelle, où était l'ancien capitole de cette ville).

(21) La même métonomasie nous apprend encore que la féodalité était dans cette Gaule, la féou-ta-ly-te, 11,739—1797—5936—2694, du lieu – des grands – qui gouvernent – le Pouvoir, et que la noblesse y était là : no-pe-le-ssé, 9644—3654—3227—102, de la blessure faite par une épée – le partage – qui pronostique – un magistrat, comme le disent César dans ses commentaires, et Rollin dans son histoire Romaine, en parlant des institutions des Gaulois dans l'origine; ce qui donnait alors une véritable illustration nationale à ceux qui obtenaient cette récompense.

C'est ce dialecte primitif qui nous dit : que le duc y était celui qui assemble les soldats – pour vaincre, selon ces deux racines : tun-ke, 2273—583.

Le marquis était, may-ku-y-se, 922—11,758—11,180—2171, celui qui tâche – d'enclore – le territoire – pour y être en repos.

Le comte était, ko-me-te. 3168—6484—2736; celui qui par les armes – s'est efforcé – en excès, (qui a fait de brillants exploits); et le baron était le : pay-ong, 3317—8231, l'honoré – d'un nom qu'on donne par honneur aux vieillards.

(22) Charlemagne, de : chay-le-mà-ke-nie, 11,539—897—11,828 583—10,817 ; celui qui coupe les ailes aux autres-pour les refréner-s'augmenter-vaincre-et fouler aux pieds.

(23) Allemagne , de : hào-ly-le-mà-nie , 3888—3227—897—11,828—583—10,817, (pays des) grands-unis-pour soumettre-en augmentant-vaincre-et fouler aux pieds.

(24) Westphalie, ouéy-se-te-fa-lie, 2714—7247—5031 *bis supp.*—6482—12,708, il renferme-des récoltes-des eaux-il produit-des chevaux et des porcs.

(25) Ermensul, he-y-mên-su-le, 6959—8054—3400—8476—9247, le vrai-grand-qui examine par lui-même-tous les hommes-et les recueille (pour les conduire à la barque à Caron.)

(26) Hermès, he-y-me-se, 6959—8054—7030—7247, le vrai-grand-esprit-qui recueille les hommes (pour les conduire à la barque à Caron.)

(27) Eresbourg, he-yé-se-pore-y-ke, 13,087 *bis*—675—7247—1619—8656—4216 ; elle a bon blé-fond les métaux-les récolte aux bords de la montagne-et a un monument qu'on vient examiner à fond.

(28) Stadsberg, se-ta-te-se-péy-ke, 7247—5249—10,438—2977 1628—2946 ; lieu de récolte-et de bouc glissante (marais)-où l'erreur par le timide-était honoré-et orné.

(29) Rhin, y-hin, 4873—6340 ; fleuve-qui devient enflé, (par les rivières qu'il reçoit).

(30) Romains, yo-mày-nie-se, 8435—12,012—10.817—7247 ; ils s'élèvent-de l'obscurité-pour fouler aux pieds-et récolter.

(31) Rome, yo-me, 8435—6484 ; elle s'élève-par ses efforts ; Roma, yo-ma, 8436—11,828 ; elle s'élève-en s'augmentant.

(32) Brennus, pién-nòu-se, 10,980—875—1436 ; celui qui se distingue-à forcer-ce qui est difficile.

(33) Allia, hào-le-ly-hào, 4989—3229—4268—887, grandes eaux-pronostiquant-le fleuve-visiter ; (elles se jètent dans le Tibre).

(34) Manlius, màn-ly-hù-se, 10,766—5530—9977—1363 ; il va-avec éclat-et donne-à ses désirs.

(35) Tarpéien, tây-pe-ye-nie, 8683—10,590 supp.—734—4451, lieu élevé-d'où l'on renverse-en creux-sur le terrain de niveau.

(36) Averti par les cris imprévus des oies.

(37) Ambiorix, hào-me-piao-ly-tse , 4888—6484—3592—2995 —1665, le grand-qui s'efforce-de battre-et de faire trembler-ceux qui s'avancen.

(38) Tongres, tong-ye-se, 7852—6251—7247 , lieu du pouvoir-de ce pays-où l'on récolte.

(39) Liége, lie-jè , 762—328, ordre-et de grandeur. (ville d')

(40) César, se-say, 1362—3464 , désireux-de s'élever.

(41) Induciomare, yn-tou-siao-mà-yè , 2962—11,240—2135—11,828—1616, tranquille (d'esprit)-il demeure-la nuit-en augmentant-dans le désert.

(42) Sabinus, sa-py-nòu-se, 3686—4777—875—1436; il se ré-pand-pour aider-à forcer-ce qui est difficile.

(43) Cotta, ko-te-tà, 2840—2736—3230 , diligent-en-excès-pour frapper.

(44) Vatuque, de : vang-tùn-kue , 5884 bis—7412—3071 , de ce-lui qui gouverne-arsenal-fort.

(45) Tréves, tie-voe-se, 2778—4998—7247 , en repos-d'affaires-elle récolte, (avant les invasions des Romains).

(46) Jaillon, yay-le-long, 893—897—3691 , il comprime-et met un frein-à ceux qui se rassemblent.

(47) Cativulse , kao-ty-vou-le-se, 6493—4821—156—897—1363, le haut-d'origine-qui méprise-tout frein-à ses désirs.

(48) Eburons, he-pou-yong-se, 10,549—10,091—4422—1363, pour briller-s'entr'aidant-de gloire-désireux.

(49) Meuse, méou-se, 9210—7247, des herbes-elle récolte.

(50) If, y-fy, 4733—3787 , il tue-et il orne. (Les jardins).

(51) Moselle, *voyez* n.° 92.

(52) Avrainville, hào-fy-hày-nie-fy-ly-le, 1849—3787—4433—5000—3787—865—857 , bon-orné-pour les vases à vin-en terre noire -par sa puissance-qui met un frein.

(53) Késer, ke-se-y; 318—7247—2591 , celui qui vient-pour re-cueillir (faire des conquêtes)-et s'élever.

(54) Domèvre, tò-me-fy-ye, 1625—13,084—3787—12,402, terre dure-à froment qu'ornent-des dons en vivres.

(55) Angleterre, *voyez* n.° 93.

(56) Térouane, te-y-oua-nie, 2694—11.180—7291—3704, elle possède-un territoire-du fond de l'eau-prenant, (c'est-à-dire qui tient à la mer).

(57) Artois, hay-touy-se. 8631—45—7247, gros-amas de terre-pour récolter.

(58) Calais, kao-lay-se, 8670—9298—7247, le rivage-elle protège-et y récolte. (Par la mer).

(59) Fabius, fa-py-ou-se, 135—3252—2167—2171, il attaque-il frappe-il veille-il est en repos.

(59 *bis*) Hainault, hay-nao-le-te, 8631—5041—3227—2886, pays gras-avec bouc-pronostiquant-contents.

(60) Cicéron, sy-se-yong, 3610—1363—2138, celui qui excite-les désirs-et les contient.

(61) Séez, se-he-ste, 7247—13,087 *bis supp.*—9227, pays de récolte-à bon blé-et de grande abondance de plantes.

(62) Normandie, no-y-man-pie, 8427 *bis supp.*—7237—430—8445, sel gras-à labourer-et lent-à sécher a l'ardeur du soleil.

(63) Roscius, yo-se-sy-hu-se, 4606—3091—11.405—1131—2977, il désire ardemment-ménager-pour donner-à celui qui souffre-et au timide.

(64) Rhims, y-hy-me-se, elle gouverne-elle assemble (les troupes) -et s'efforce-de récolter.

(65) Celtique, se-le-ty-kue, 1436—8401—324—5824, pays d'âpres-côtes-où on entre avec peine-et à troupes de bêtes féroces.

(66) Belgique, pe-le-ky-kue, 8756—8401—5139—4868 *bis*, des navires-entre les côtes-vallée où il y a de l'eau-se répandant.

(67) Aquitaine, hào-ku-y-tay-nie, 11,543—257—11,180—4310 *supp.*—2348, pays-d'ensemble-de villes-riches-et de montagnes élevées.

(68) Beauvoisis, pe-hao-voû-y-sy-se, 3654—3935—2566—11,180 —11,128—7247, il partage-l'éclat-dont fleurit-un pays-qui se repose long-temps-et qui récolte.

(69) Crassus, kiâô-se-su-se, 2228—1363—9260—2977, inflexible -à ses désirs-il est bon-pour le timide.

(70) Plancus, pe-lan-'a-se, 10,590 *supp.*—10.814—257—1673, il renverse-pour passer entre-tous ceux-qui lui bouchent (le passage).

(71) Trébonius, tie-...-nièou-se, 457—3722—7762—2171, fin et rusé-il arrange-les nœuds-pour être en repos. (Les traités de paix).

(72) Pô, pô, 5137, fleuve; ou po, 1012, ample, (le fleuve ample).

(73) Ardennes , hay-téng-nie-se , 2732—4502—2348—7247, elles s'appuient-sur une espèce de banc-de montagnes élevées-où l'on récolte.

(74) Châlons, cha-long-se, 4622—7264—7247, pour boire-et en coupant des grains-elle récolte.

(75) Laon, lâo-nie, 907—8667, le travail-y fait la loi.

(76) Soissons, soùy-se-song-se, 10,488—7247—7374—2171, ses richesses-sont ses récoltes-le respect qu'elle impose-et le repos dont elle jouit. (Les rois y ont fait anciennement leur demeure, aussi Clovis , Charles-le-Simple.)

(77) Médiomatriciens , me-tiâô-mà-ty-y-sién-se , 1429—10,112 11,828—3766—11,180—4945—2977, peuples qui pour être en repos -s'unissent-en s'augmentant-pour s'opposer-avec leur ville entourée de murailles, (Metz alors Médiomatrix)-pour faire respecter-les timides.

(78) Saarbruck, sa-hay-py-ou-ke-ky, 3546—2732—2629—7296 —318—2319, éparpillé-il s'appuie-en maisons basses-dans une plaine unie-où l'on arrive-par un chemin inégal.

(79) Sarre, say-ye, 1673—734, limitée-dans son creux, (son lit).

(80) Sarguemines , say-kue-my-nie-se, 3464—62—11,367—2348— 1436, élevé-recourbé.-couvrant-la montagne-âpre et difficile.

(81) Liverdun, ly-ouey-tùn, 7665—2714—7412, de grains-petit-grenier, et encore ly 2305, sur montagne peu élevée-petit-grenier.

(82) Metz, Médiomatrix, originairement Métis, Mettis, Divodurum

Le nom primitif de Métis, donné à la ville de Metz à son origine, sur lequel les divers historiens qui en ont parlé n'ont donné que des conjectures vagues , se trouve expliqué indirectement par un rapprochement sans application , auquel l'on ne paraît pas avoir pris garde encore , qui se trouve dans le dictionnaire octi-langues de Calpin, où il dit :

Métis , Μῆτις, nymphe, fille de l'Océan et de Téthys, et ainsi nommée de ce qu'elle prend des mesures, qu'elle pourvoit et qu'elle veille (au salut de tous); du nom Μῆτις, qui signifie conseil, prudence ; c'est ce que rapporte Hésiode dans sa théogonie.

Et il est une ville de ce nom, située dans le pays des Médiomatriciens, (men). Dict. de Calpin, à ce mot.

À ces deux noms ainsi rapprochés, l'idée de l'application historique à cette ville se présente naturellement d'elle-même, et l'on est tout surpris qu'elle ne soit encore venue à personne, pas même à Calpin qui la donne.

L'étymologie de ce nom Métis est en primitif Me-ty-se, 1429—336—7247, celle qui dans le repos-très-sage-recueille. L'origine maritime de cette Métis dit, qu'elle est cette première déesse de la Sagesse, de la mythologie primitive, quand la prudence de se retirer des eaux était encore considérée par un reste de la terreur inspirée par le déluge, être la véritable sagesse.

Cette définition, cette origine indiquent d'abord que dans le même temps et peut-être dès cette 417.ᵉ année après le déluge, ainsi que le disent quelques anciens auteurs, tel que Mévrisse, ce nom de Métis a été donné à la ville de Metz à sa fondation, par allusion à sa situation sur le confluent des deux rivières de Seille et de Moselle, qui la font ressembler à une nymphe qui s'élève à la surface des eaux, dans lesquelles elle fait son séjour habituel, et que le choix de cette nymphe, pour en prendre le nom, est aussi fondé sur l'allusion à la conduite du gouvernement de cette ville, qui était donc un conseil prudent et pacifique : gouvernement sans doute républicain, puisqu'il paraît être antérieur à l'invasion des Gaulois descendus du Nord, avec une féodalité déjà inventée et établie, produit d'une plus longue existence poste diluvienne, par la nécessité d'une plus grande population pour la créer.

C'est seulement quand le danger des eaux diluviennes a été passé, et que l'idée de la prudence nécessaire dans les affaires civiles, a paru être devenue la plus indispensable sagesse, que la mythologie secondaire a dit dans sa nouvelle fable, que Jupiter ayant dévoré cette Métis, en conçut Minerve, dont il accoucha à l'aide de Vulcain, par lequel il se fit donner un coup de hache sur la tête, pour la mettre au monde, en la faisant sortir de son cerveau, armée de pied en cap, comme le disent Chompré et Calpin, au nom Métis.

Le premier nom de Metz, Métis, à son origine, est donc celui de la nymphe me-ty-se, 1429—336—7247, dans le repos-très-sage-elle recolte, auquel se joignit par l'analogie de l'allusion, l'idée homonime me-ty-se, 1429—6488—7247, dans le repos-le but, le fruit de la nymphe; (c'est-à-dire la paix qu'elle a produite par sa prudence)-elle recueille. Cette dernière définition fut même insensiblement dans la suite, celle dont l'idée se maintint seule.

Ce nom Métis, de la ville, a eu une variation qui lui donnait deux tt, et c'est peut-être même la première prononciation gauloise : elle signifie me-te-ty-se, 1429—2719—6488—7247, dans le repos-par sa vertu-le but, le fruit de la nymphe, – elle recueile; et vraisemblablement ce n'est que plus tard, quand la prononciation grecque a été plus généralement connue dans la Gaule, que ce mot a été écrit avec un seul t; mais cette différence qui n'équivaut qu'à celle des dialectes, ne change rien au rapport de ces noms à deux tt, comme à un t, avec celui de la nymphe du conseil et de la prudence.

L'invasion romaine a donné successivement depuis, trois noms latins à cette ville : celui de Metæ, qui veut dire dans le même sens que Metis, les buts, elle a tous les buts, elle a le désir d'arriver à tous les buts; c'est ce que montre l'étymologie par me-ta-he, 1429—1797—10,549, dans le repos – grande – elle brille. Ce nom indique qu'elle avait déjà pris plus d'accroissement et d'importance : idée de sa stabilité dans sa paix primitive.

Quand son état a été tellement agrandi autour d'elle, qu'elle paraissait en être le centre, alors son gouvernement toujours paternel pour les dix petits cantons qui lui étaient promis : de Moselle, de Scarponne, de Voivre, de Salins, de Saulnois, de Sargau, d'Albechore, ou Blâmont, du Nide, ou les deux Nieds, du Carme, ou de Bouconville, d'Ornez et du Blaisois, lui fit donner le nom de Médiomatrix, c'est-à-dire de mère du milieu, dont l'étymologie le rattache toujours à la prudence : me-tiao-ma-ty-y-se, 1429—10,112—11,828—3561—11,180—1673; dans le repos – elle s'unit - en s'augmentant – pour produire – et dans la ville entourée de murailles – elle s'enferme. Pendant l'influence du christianisme qu'elle avait précédé : elle en fut nommée Divodurum, par le secours de Dieu - elle est inébranlable; dont l'étymologie la soutient encore ainsi : ty–vou-tun-yu-me, 2421—4658—2273—4851—1429, par le seigneur du ciel-fort – elle se rassemble – sur son fleuve – pour être en repos.

Pendant le règne de tous ces noms latins donnés par les conquérants, ou par les maîtres de son gouvernement, noms qui n'étaient que les diverses traductions du premier. L'habitude populaire conservait toujours l'usage du premier : seulement elle en avait modifié la prononciation par la syncope de l'y de metis, et l'appui dental du du son de l's, en celui du z; ce qui fesait Metz. La disparition des Romains et des divers pouvoirs successifs qui l'avaient régi, a regénéré l'emploi seul de ce nom, dont le radical me-tse, 1429—2081, signifie encore ville de repos - et de produits, comme son premier nom.

(82 *bis*) Jouy, de Jouy, 9203, où les plantes et les arbres portent beaucoup de fruits. On voit ici que c'est le même mot.

(83) Vandales, vang-tà-le-se, 5884 *bis*—3230—897—7247; pour gouverner—ils-frappent-mettent un frein—et récoltent.

(84) Attila, hào-te-ty-là, 12,609—3392—9900—796, le fort-qui frappe avec le poing-qui attaque-et est inhumain.

(85) Langres, lang-ye-se, 11,689—6251—7247, sa porte-élevée (sur le pays) fait récolter.

(86) Sens, sen-se, 4317—7247, grande quantité d'arbres-elle récolte.

(87) Acon, hào-kong, 12,659—612, fort-et juste (chef des Gaulois).

(88) Chartres, chay-tie-ve, 2993—2778—7247, elle sèche au soleil —en repos-et récolte.

(89) Gueldres, kue-le-tié-se, 5038—8401—6252—7247, elle noie-ses côtes-et entasse-ses récoltes. (Par le commerce maritime).

(90) Pompée, po-me-pe-he, 6478—6484—3654—.0,549, l'éléva-tion-il s'efforce-de partager-pour briller.

(91) Méréville, me-ye-fy-ly-le, 1308—5576—3787—11,353—8401, son froment-abondant-pare-avec son vin doux-les côtes.

(92) Moselle, mo-se-le-le, 5159—7247—8401—897, déserts de sable elle-récolte-des côtes-qui lui mettent un frein, (qui la bordent). La rapidité de la Moselle a donné à la Meurthe, qu'elle reçoit, une partie de son nom ainsi: Meurthe, Meou-y-te-he, 10,444—11,174—5031 *bis supp.*—13,135, elle échange-pour marcher promptement-son eau-obscure (au pont de Frouard). Le nom de Frouard même exprime cette réunion ainsi : Fy-oua-y-te, 12,052—5205—4957—2736, là; murmure-l'eau pure-de la rivière-qui fait faute, (qui finit son cours en se jetant dans la Moselle).

2(92) Rédon, pe-tong, 15,590 *supp.*—5833, (plaine) des renversés -tong, (syncope de Tonges, les Eburons). Lupcourt, Lù-pe-kou-y-te, 11,691—3654—2523—9158—2736, à habiter-et à partager-son trésor -de grains-qui fleurissent-en excès. Azelot, hao-tse-lô-te, 1849—8920—7223—2694, bonne-espèce d'herbe-et de récolte-il possède.

3(92) Sicambres, sy-kan-me-pie-se, 9117—11,601 *bis*—1.,562—
3053—7247, grands-qui s'avancent-montant à cheval-et naturellement
prompts-pour recueillir, (des conquêtes).

4(92) Richardménil, Ly-chay--te-me-ny-le, 195 *supp.*—7561—
2736—13,084—2234—8401, il donne-au crible-en excès-le froment-
proche-les côtes.

(93) Angleterre, hang-le-te-y-ye, 4874—8401—2736—7252—
675, les vapeurs-s'y élèvent-en excès-ainsi qu'abondance de grains-
et l'on y fond les métaux. Son nom Albion signifie, hào-le-py-ong,
12,260—8401—7659—9119, blanches-côtes-vides-d'arbres et des
plantes qui croissent en abondance. C'est ce que dit aussi son nom
d'îles Britanniques, y-lé-se, 4910—8401—1673, dans les grandes
eaux-côtes-enfermées. Py-y-ta-ny-kue-se, 4289—4910—13,142 *bis*
—1582—9903—7247, enclos-dans les grandes eaux-de couleur
blanche et noire-pays qui manque-de récolte. C'est exactement ce
qui se vérifie dans les observations sur la culture des sols pauvres,
etc., par M. W. Jacob, imprimées à Londres en 1828, où il dit
qu'en Angleterre, sur 77,394,433 acres de terrains, il n'y en a que
19,135,990 en terres cultivées et jardins, et 27,386,980 en prairies
et paturages, 30,871,463 restant incultes : quoique cependant,
15,000,000, en seraient encore susceptibles de rapport. (Revue en-
cyclop.) (mai, 1829).

(94) Carthaginois, de Kay-te-hay-jy-nouy-se, 10,455—2694—
4993—3864—603—7247, riches par leur pouvoir-sur la mer-et
sous le soleil-ayant leurs pays-pour récolter.

(95) Egyptiens, He-jy--pe--tien, 10,549—600—3654—4900, pays
brillant-où pénètrent--en se partageant (dans les deux branches du
Nil),-de grands débordemens.

(96) Israël, Y-se-ya-he-ly, 2010—1363—267—10,549—374, de
l'enfant nouveau né (le premier homme), - il désire-s'appuyer--pour
briller-par les tablettes de ses ancêtres, (l'antiquité de son origine.)

(97) L'Asie, Hao-sie, 5888—5559, le grand (pays)-qui se lie,
(à l'Europe et à l'Afrique.)

(98) L'Europe, Eùl-yo-pe, 8299—8858—6483, très-barbus-elle
renferme-blancs.

(99) Occident, ho-ke-sy-pen-te, 4859—318—4322—1438 supp.
—2736, dans les flots-il vient se reposer-et arroser-ses excès. (le
soleil à l'occident.)

(100) Orient, ho-y-yén-te, 985—5460—546—2736, du soleil à son lever-la clarté-pure-en excès.

(101) Midi, my-py, 13,105—7142, la clarté du jour-il partage.

(102) Nord, no-y-pe, 3355—2395—953, d'arrondir (le globe)-finit-le nord.

(103) Messein, me-sse-yn, 13,084—150—5056, son froment-il voit mourir (quelquefois)-dans l'inondation (de la Moselle sujète à déborder).

(104) Cicéron, sy-se-yong, 3610—1363—2138, celui qui excite-les désirs-et les contient. Quintus, ku-yn-ty-où-sse, 257—271—1189—132—147, de l'ensemble-successif-venu-le cinquième-semblable.

(105) Publius-Sextus-Baculus, pou-pe-ly-où-se, 3280—10,590—5011—132—1363, il frappe-et renverse-ceux qui s'approchent-assemblés à ses-désirs = ssé-kiôù-tou-sse, 158—97—11,240—7075, de quatre-et couple-demeuré-par bonheur.= pà ku-lù-se, 3267—2245—11,566—2977, il prend-il soumet-par l'épée-les timides.

(106) Houdemont, hou-te-mong, 2779—2886—3996, il s'appuie-content-au soleil qui n'est pas encore clair, (c'est-à-dire levant).

(107) Foug, foù-ke, 248—12,733, incliné-Boug. (Foug est sur la pente inclinée de la côte de ce nom).

(108) Louis, louy-se, 12,257—1363, bon-à nos désirs.

(109) Henry, hen-y-y, 10,182—3143—2126, pour les méchants-bon-il les nourrit.

(110) Bar, pay, 3317, (ville à laquelle) on rend visite, (pour son bon vin).

(111) Savonnières, sa-voù-nie-ye-se, 3686—5928—2348—5576 7247, il répend-une sorte de pierre précieuse (pour bâtir)-en montagne élevée-abondante-se recoltant.

(112) France, fy-hân-se, 3787—4642—7247, ornée -de ce qu'on désire-pour récolter.

(113) René, ye-nie, 2338—8667, il entraîne-au but.

(114) Anjou, hàn-youe, 10,321—3265, vallée profonde-et ouverte.

(115) Isabelle, y-sa-pe-ly-le, 4630—3686—3301—9798—3227, elle rit-elle répand-ses caresses-et le bonheur-elle pronostique.

(116) Lorraine, ló–y–yay–nie, 7223—7252—10,350—5oo9, elle récolte–abondance de grains–et verrats–en terre noire. C'est la Lorraine qui a donné son nom à Lothaire, parce qu'il devait en être le roi ; et non pas la Lorraine qui a reçu le sien, comme ont dit le duc de Bordeaux, etc.

(117) Saint, say–nie–té, 20,5o6—3383—2719, la récompense–il tient–pour sa vertu.

(118) Michel, my–che–le, 10,o36—37o4—897, il s'attache–à prendre–un–frein.

(119) Cosaques, ko–sa–kue–se, 10,955—3246 supp.—1868 *bis*—7247, peuples dont les chariots vont avec vitesse–qui mettent leur robe sous la ceinture–et se répandent–pour recueillir.

(120) Gélon, jé–long, 323—3691, le grand–qui rassemble (les troupes).

(121) Pluton, pe–loù–tong, 953—9364—63o4, du Nord–captif–dans la douleur, (origine du nom de Pluton dans l'enfer du froid du Nord).

(122) Rigéos Ploutontos, Ῥίγέος Πλουτωντος, du froid rigoureux augmentant.

(123) Teutates, teou–ta–te–se, 12,221—1622—2694—7247, la tête, le commencement des choses–et du morceau de terre, (le globe terrestre);–et dont le pouvoir fait récolter.

(124) Mercure, méy–ku–yè, 1976—847o—675, entremetteur de mariages–il va–il fond les métaux.

(125) Apollon, hao–po–le–long, 3888—9167—897—6436, le grand–qui par les plantes médicinales–met un frein–aux maladies, (sens gaulois); sens français, idée poétique, par les homonimes : hao–po–le–long, 3888—3722—897—3691, le grand–qui arrange–dans leur frein–(les vers) qu'il rassemble. Dans le latin, la terminaison ló, 1496, signifie les portées de sa voix, (c'est toujours de même, les vers qu'il chante).

(126) Diane, tiào–nie, 4o38—2348, la lune paraissant dans son dernier quartier–sur la montagne élevée, (origine de ses attributs de chasseresse et de chaste).

(127) Minerve, my–nie–y–voe, 2647 suppl.—4349—18o8—5653. Elle apaise les troubles–par le devoir de chacun–dans l'ordre–des choses.

(128) Mars, mây-se, 1616—4664, il serre-rude.

(129) Jupiter, jù-py-te-y, 5300—4777—2719—492, il tàche-d'aider-la vertu-et fait la loi.

2(129) Malabar, ma-la-pa-ye, 7076—796—3267—6677, sorte de sacrifice-inhumain-à celui qu'on a pris (pour époux)-quand il a fermé les yeux. (L'épouse y est brûlée vive sur le bùcher de son mari.)

(130) Lothaire, lô-te-hay-ye, 562—2694—3324—3838; fort-par son pouvoir - il agite - il entraîne. L'on voit ici que le mot gaulois Lorraine n'est pas l'équivalent du mot Lothaire, que le mot latin *Lotharingia* seul pourrait l'être ; mais qu'il n'est pas l'exacte traduction du sens du mot gaulois ; c'est plutôt celle du mot allemand Laulheringen.

FIN.